HIPPODROME
BARRIÈRE DE L'ÉTOILE

SILISTRIE

GRANDE PANTOMIME MILITAIRE

EN CINQ ACTES

ÉPISODE DE LA GUERRE D'ORIENT

PAR

M. ARNAULT AÎNÉ

PRIX : 25 CENTIMES.

SE TROUVE
CHEZ PILLOY, IMPRIMEUR, BOULEVARD PIGALE, 50,
A MONTMARTRE.

1854

ELISTRIE

PRICE: 25 AUGUST 1880.

HIPPODROME
Barrière de l'Etoile.

SILISTRIE

GRANDE PANTOMIME MILITAIRE EN CINQ ACTES

Épisode de la guerre d'Orient

PAR M. ARNAULT AÎNÉ

PRIX : 25 CENTIMES

SE TROUVE

CHEZ M. PILLOY, IMPRIMEUR, BOULEVARD PIGALE, 80.
A MONTMARTRE.

1854

Montmartre. — Imp. de PILLOY, boulevard Pigale, 80.

SILISTRIE

Grande pantomime militaire en cinq actes

ÉPISODE DE LA GUERRE D'ORIENT.

PERSONNAGES.

TURCS.

OMER-PACHA, général en chef............	MM. BOUTELLIER.
MUSSA-PACHA, gouverneur de Silistrie......	STEINBERG.
SAID-PACHA, deuxième gouverneur........	PAUL S.

ÉTAT-MAJOR.

AIDE-DE-CAMP d'Omer-Pacha.............	OREILLO.
OFFICIERS D'ÉTAT-MAJOR................	Mmes JULIETTE. ALICE.
CAPITAINE-COMMANDANT................	MM. MOREL.
LIEUTENANT	EUGÈNE.
SOUS-LIEUTENANT.....................	CAZAU.

PORTE-ÉTENDARD.....................	FILHOL.
CAVALIERS.	

INFANTERIE.

RÉGULIERS.
IRRÉGULIERS, BACHI-BOUZOUKS.

SILISTRIE.

RUSSES.

GÉNÉRAL EN CHEF. . . . . MM. ADOLPHE. B.

ÉTAT-MAJOR.

Aides-de-camp du général en chef :

CAPITAINE	des grenadiers à cheval de la garde.	WILLIAM.
Id.	des Cosaques de la garde.	BASSIN.
Id.	des Tartares de la Crimée.	JAMES.
Id.	des chevaliers de la garde de l'Impératrice.	DUMAMEL.
OFFICIERS D'ÉTAT-MAJOR		Mmes LUCIE. JOSÉPHINE.

INFANTERIE.

RÉGIMENT de Pawlofski.
    Id. de la garde de Semenowski.
    Ie. des gardes de Lithuanie.

CAVALERIE.

COSAQUES de la garde.
    Id. de la mer Noire.
GRENADIERS de la garde.
ARTILLEURS de la marine.

ANGLAIS.

GÉNÉRAL EN CHEF. . . . . MM. LISFRANC.

ÉTAT-MAJOR.

Aides-de-camp du général en chef :

CAPITAINE	de dragons.	ALEXANDRE.
Id.	des gardes du corps.	HENRI F.
Id.	de lanciers.	VIELLES.
OFFICIERS D'ÉTAT-MAJOR		Mmes LANCEL. CHEVALIER.

INFANTERIE ÉCOSSAISE.
    Id. de la garde.
DRAGONS de la garde.

SILISTRIE.

FRANÇAIS.

GÉNÉRAL EN CHEF . . . . M. LÉON.

ÉTAT-MAJOR.

Aides-de-camp du général en chef :

CAPITAINE	des guides	Mmes AMÉLIA.
Id.	des hussards.	J. MONTBAHUC.
Id.	des lanciers	JULIA
Id.	des chasseurs	CLARA.
Id.	des carabiniers	MM. ÉDOUAD.
Id.	des cuirassiers.	JOSEPH D.
Id.	des spahis.	JULES.

OFFICIERS D'ÉTAT-MAJOR . . . . { Mmes ANGÉLINA. / CONSTANCE.

CANTINIÈRE des chasseurs d'Afrique. . . . . PAULINE.
TAMBOUR-MAJOR. . . . . M. HACHE.
INFANTERIE et CAVALERIE de divers régiments.
ARTILLERIE.
DOUZE SAPEURS.
MUSIQUE de cavalerie.
    Id.   d'infanterie.

FEMME DU GOUVERNEUR. . . . . Mmes MARIE.
SUIVANTE de la femme du gouverneur. . . . . . . LUCIE.
FEMMES de la Mosquée { LÉONTINE. / ÉLISA.
JUIVES de Silistrie . . . . { ESTHER. / EUGÉNIE.
PAYSANNE TURQUE. . . . . CLARA.
PAYSAN TURC. MM FERRAND.
MARCHANDS du bazar . . . . { L. LAURIOL. / JAMES.

Juifs de Silistrie	MM. Amédée. Achille B. Auguste.
Palfreniers turcs	Mallet. Ferrand. Mulk.
Écrivain public	Lopez.
Circassiens	Jules. Jacob. Henry. Leloir. Dynamel. Stenberg. Vieilles. Racine.
Circassiennes	Mmes Amélia. Lancel. L. Montbahuc. Clara. Constance. Joséphine. Herminie. Angélina.
Huit Odalisques à cheval	Les mêmes.
Odalisque à pied	Élisa. Léontine. Chiarini. Maria.
Eunuque à pied	MM. Mallet.
Id. à cheval	Filmol.

ACTE PREMIER

Le théâtre représente la forteresse de Silistrie. — A droite, au premier plan, un jardin. — A gauche, la ville de Silistrie. — Au fond, l'habitation du gouverneur.

SCÈNE PREMIÈRE

Huit odalisques à cheval jouent au quatre coins; quatre à pied jouent au volant.

SCÈNE II

Un eunuque à cheval paraît.

A l'arrivée de leur sévère gardien les odalisques se sauvent effrayées; celles à pied se précipitent dans la coulisse, et celles à cheval descendent au galop dans l'Hippodrome où elles sont poursuivies par l'eunuque.

Le vieillard, fatigué de courir, s'arrête au milieu de l'enceinte.

Les jeunes femmes s'efforcent de fléchir sa sévérité; l'une le prend par le menton, une autre lui offre une fleur.

L'eunuque, adouci par ces cajoleries, cède à leur désir. Il leur accorde la permission de faire une partie de barre et une course de vitesse.

SCÈNE III

Un soldat turc bat le rappel.

A la vue du tambour, l'eunuque fait comprendre aux odalisques qu'il est perdu si elles refusent de rentrer.

Elles le suivent au harem.

SCÈNE IV

Mussa-Pacha sort de sa demeure, accompagné de son état-major.

Des chevaux l'attendent au perron.

On bat aux champs.

Le gouverneur monte à cheval, et, suivi de ses officiers, descend au pas jusqu'au milieu de l'Hippodrome.

Arrivé là, il prend l'avis de ses officiers, tout en examinant l'ennemi avec sa longue vue.

Pendant ce temps, la garnison, qui s'était mise sur deux rangs, descend la scène et vient se ranger en bataille au centre de l'Hippodrome

Le gouverneur inspecte ses soldats.

Satisfait de l'excellente tenue et de l'habileté de ses troupes, il leur adresse des félicitations.

Ensuite, il lance son cheval au galop et, suivi de ses officiers d'ordonnance, il se dirige vers le perron, où il met pied à terre.

Mussa-Pacha salue son état-major et rentre dans ses appartements.

Pendant ce temps, les troupes, sous les ordres d'un officier, rentrent dans la forteresse.

ACTE DEUXIÈME

La scène représente l'intérieur de la forteresse de Silistrie. Remparts, canons sur leurs affûts, etc., etc. — Au fond, porte voûtée conduisant au pont-levis. — A droite, le fort d'Arab-Tabia.

SCÈNE PREMIÈRE

Les sentinelles veillent sur les remparts.

Une patrouille de Bachi-Bouzoucks, qu'on aperçoit sur le fort d'Arab-Tabia, relève les sentinelles.

SCÈNE II

Le général en chef de l'armée russe et deux officiers d'ordonnance, précédés et suivis d'un piquet de douze Cosaques, entrent au galop.

Le général prend connaissance de la forteresse et des environs.

Des coups de feu sont tirés sur lui.

Deux Cosaques du premier piquet, atteints mortellement, sont emportés la tête en bas, par leurs chevaux, dans l'Hippodrome, dont ils font le tour dans cette position.

Le général russe et sa suite disparaissent par où ils sont entrés.

SCÈNE III

On voit paraître un paysan turc conduisant une charrette chargée de légumes, d'un paquet de chandelles, de deux sacs de blé et d'une barrique de vin. Une jeune fille turque est assise sur le devant de la charrette.

Vers le milieu de l'Hippodrome, il est arrêté par un **piquet de Cosaques** qui lui barre le passage.

Il leur fait comprendre qu'il porte des provisions au fort.

A peine a-t-il achevé, que trois Cosaques descendent de cheval et le frappent.

Ils s'emparent de la jeune fille, l'enlèvent et la mettent en croupe derrière l'un d'eux.

Pendant ce temps un Cosaque a donné un coup de lance dans la barrique.

Le vin coule à flots.

Un des Cosaques s'empare du bonnet du paysan et s'en sert pour boire, tandis qu'un autre mange de la chandelle.

Quand le tour de boire arrive au Cosaque qui a la jeune fille en croupe, celle-ci lui donne un coup sur la tête, de manière que le visage du Cosaque soit submergé par le liquide.

Ensuite elle le fait tomber de cheval, prend sa place et s'enfuit au grand galop vers la forteresse où elle entre.

SCÈNE IV

Les Turcs font une sortie.

A leur approche, les Cosaques à cheval se sauvent; ceux à pied sont faits prisonniers.

Un paysan, heureux de se venger de ses oppresseurs, monte sur le dos d'un Cosaque et se fait ainsi porter en triomphe jusqu'à la citadelle.

Les deux autres sont obligés de frapper leur camarade du knout pendant toute la durée du trajet.

SCÈNE V

Les tirailleurs russes arrivent.

Ils échangent des coups de feu avec les troupes de la forteresse.

L'infanterie russe soutient les tirailleurs par des feux de peloton.

Des sacs de sciure de bois sont apportés pour former un rempart.

Avant qu'ils ne soient élevés, la cavalerie turque fait une sortie et exécute une charge sur un carré d'infanterie ennemie.

Les Russes se défendent avec énergie.

La cavalerie turque est vigoureusement repoussée dans le fort.

Une pièce de canon, servie par des artilleurs cosaques, ouvre le feu.

De formidables détonations, qu'on entend au dehors, prouvent que le combat est général.

L'infanterie russe avance.

L'assaut est livré.

L'infanterie turque est placée partout et principalement vers les endroits praticables.

Alors commencent les combats corps à corps.

Des Russes, qui étaient parvenus au haut des remparts, sont précipités dans les fossés; d'autres sont faits prisonniers.

Le carnage est à son comble.

On entend battre la retraite au camp russe.

Les troupes russes se rallient et exécutent leur retraite en bon ordre.

La cavalerie régulière turque fait une sortie et poursuit l'armée russe avec vigueur.

Après avoir échangé quelques coups de feu avec l'arrière-garde russe, elle rentre immédiatement.

Mussa-Pacha, heureux de cette victoire, remportée par une poignée de braves contre les innombrables légions du colosse moscovite, quitte le rempart pour remercier le Dieu de la victoire.

Il s'agenouille.

A ce moment, le dernier coup de feu de l'arrière-garde russe l'atteint mortellement.

ACTE TROISIÈME

Même décoration.

SCÈNE PREMIÈRE

Un parlementaire russe arrive au galop et s'arrête au pied de la forteresse.

Un officier d'ordonnance sort de la citadelle et s'informe du motif qui l'amène.

Le parlementaire descend de cheval et demande à parler au gouverneur.

L'officier lui bande les yeux et l'introduit dans le fort.

Quelques instants après, l'officier russe sort de la même manière qu'il est entré.

Il remonte à cheval et disparaît au galop.

SCÈNE II

Une ambulance russe, avec aide-major et soldats sans armes, vient relever les blessés et les morts.

SCÈNE III

Le canon gronde à l'extérieur.

Les Bachi-Bouzoucks, du fort d'Arab-Tabia, font une sortie et se dirigent sur l'ennemi.

Pendant cette expédition, Saïd-Pacha, le nouveau gouverneur, entouré des officiers et soldats, fait reconnaître ses pouvoirs.

SCÈNE IV

Un Bachi-Bouzouck, porteur d'une ordonnance, arrive au grand galop, poursuivi par quatre Cosaques (deux de la mer Noire et deux de la garde.)

Arrivé au milieu de l'Hippodrome, il est cerné par ses ennemis.

Après un combat acharné, où le malheureux Bachi-Bouzouck a déployé une grande bravoure, il est terrassé et les Cosaques s'apprêtent à lui couper la tête, lorsqu'un cavalier régulier turc s'élance à son secours.

Un combat a lieu entre les quatre Cosaques et le cavalier turc.

Le blessé, qui, après de grands efforts, est parvenu à se relever, cherche à défendre son sauveur, mais ses blessures le font retomber. Cependant il se cramponne après un Cosaque et parvient à le faire tomber de cheval.

Pendant ce temps une dizaine de cavaliers réguliers turcs font une sortie.

Ils entourent les Cosaques, les font prisonniers et les emmènent au fort.

SCÈNE V

Un grenadier de la garde russe, porte-drapeau, se précipite de toute la vitesse de son cheval dans l'Hippodrome.

Il est suivi de très-près par un régulier de la cavalerie turque.

Après plusieurs coups de feu, il y a combat du drapeau. Le Turc le lui enlève.

SCÈNE VI

Les Bachi-Bouzoucks battent en retraite.

Un combat à l'arme blanche s'engage entre eux et les Cosaques sur différents points de l'Hippodrome.

L'infanterie turque fait une sortie pour protéger la retraite des Bachi-Bouzouks.

Les Russes se retirent.

ACTE QUATRIÈME

Même décoration qu'au premier acte, avec des estrades.

Le gouverneur, officiers et soldats, peuple et habitants de Silistrie, prennent place sur les estrades.

Le gouverneur donne une fête à la ville de Silistrie en l'honneur de la victoire remportée sur les Russes.

Cette fête se compose d'un brillant quadrille de Circassiens et Circasiennes et des exercices de l'Hippodrome.

ACTE CINQUIÈME

Le théâtre représente la ville de Varna.

On assiste au débarquement des troupes alliées.

Pendant le débarquement des troupes françaises, la musique joue l'air de la *Reine Hortense*, et pendant celui de l'armée anglaise on exécute le *God Save the Queen*.

Omer-Pacha reçoit les généraux français et anglais.

Revue générale et défilé des troupes alliées; les trois porte-drapeaux, marchant ensemble, se donnent la main.

TABLEAU.

FIN.

www.ingramcontent.com/pod-product-compliance
Lightning Source LLC
Chambersburg PA
CBHW071415060426
42450CB00009BA/1898